AF263884

HISTOIRE

DE LA DESTRUCTION

DES

MISSIONS ÉVANGÉLIQUES A TAÏTI

EN 1844

ET DES CAUSES QUI L'ONT AMENÉE.

PAR M. DUBY,

PASTEUR DE L'ÉGLISE DE GENÈVE, DOCTEUR ÈS-SCIENCE, MEMBRE DE
PLUSIEURS SOCIÉTÉS SAVANTES.

Lu à la séance publique du Casino, à Genève, le 20 janvier 1845,
et publié par le Comité de la Société des Missions de Genève.

VALENCE.

J. MARC AUREL, IMPRIMEUR – LIBRAIRE.

PARIS,

ED. MARC AUREL, IMPR.-LIBR., RUE RICHER, 12.

DÉPÔTS : NISMES, TOULOUSE.

1845.

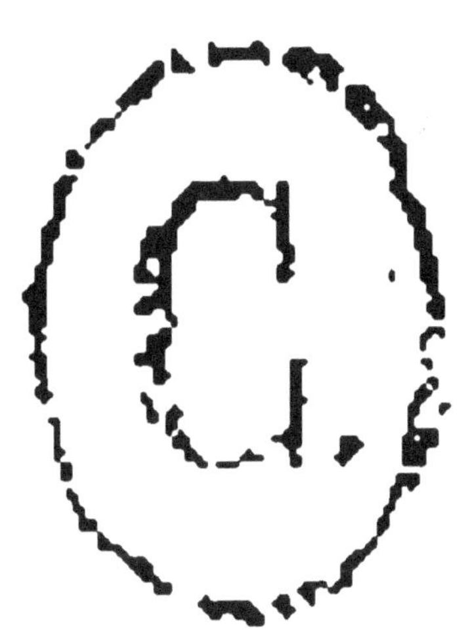

HISTOIRE

DE LA DESTRUCTION

DES

MISSIONS ÉVANGÉLIQUES A TAÏTI

EN 1844

ET DES CAUSES QUI L'ONT AMENÉE.

Il n'est, je pense, personne de ceux qui nous écoutent qui, dans le courant de l'année dernière, n'ait entendu parler des événements qui se sont passés dans les îles lointaines de la mer du Sud, et qui ont failli armer l'une contre l'autre deux des plus puissantes nations du monde. Il n'est personne à qui il ne soit arrivé d'entendre le retentissement des accusations portées contre les Missionnaires Évangéliques, coupables, selon la presse française et les auxiliaires qu'elle a chez tous ceux auxquels les noms de Christ et d'Evangile sont plus ou moins odieux, tantôt d'avoir causé par leur intolérance les mesures qui ont amené contre les îles de la Société les agressions de la marine française, tantôt d'avoir excité la reine Pomaré et son peuple à

résister aux entreprises de **MM.** Dupetit-Thouars,
Bruat et d'Aubigny, et d'avoir été ainsi les auteurs
des événements à jamais déplorables, qui ont ensanglanté les rivages autrefois si paisibles de Taïti.
Il est en France et en Suisse bien des hommes qui,
ennemis de l'oppression et de la tyrannie, ont
cependant accepté dans leur entier les accusations
portées contre les Missionnaires ; il en est d'autres
qui, tout en admettant qu'il pourrait y avoir des
exagérations dans les reproches qu'on leur faisait,
en ont cependant admis une partie, et les événements de Taïti sont devenus auprès de bien des
personnes, même de celles qui ne sont pas systé-
matiquement hostiles à la cause des missions, un
argument contre la prédication de l'Évangile chez
les païens et une cause de refroidissement dans les
bonnes dispositions qu'un cœur vraiment chrétien
ne peut manquer de ressentir tôt ou tard pour les
progrès du règne du Seigneur. Lorsqu'en 1843 et
1844 les journaux firent connaître, à leur manière,
les circonstances qui ont amené le protectorat français à Taïti, puis ensuite la déposition de la Reine
et la prise de possession de son pays ; lorsque les
chambres françaises et anglaises en furent occupées,
nous aurions voulu pouvoir tout de suite empêcher
que l'opinion de plusieurs ne s'égarât sur ce sujet,
et engager chacun à suspendre son jugement jusqu'à ce que les faits pussent être mieux connus ;
mais nous n'avions nous-mêmes sur plusieurs points
que des renseignements incomplets, et nous sen-
tions que dans des choses si délicates il valait mieux
garder le silence que de justifier ceux qui n'auraient
pas dû être justifiés, ou d'inculper ceux qui n'au-

raient pas dû être inculpés. Nous avons donc at-
tendu d'avoir recueilli tous les documents qui nous
permettaient de porter un jugement impartial, et ce
n'est qu'après les avoir rassemblés, comparés, mé-
dités que nous venons vous présenter, pour que
vous puissiez asseoir votre opinion, un résumé aussi
concis que possible, de toute cette affaire.

Nous ne nous étendrons pas sur les événements
qui ont précédé la prise de possession de Taïti et la
guerre d'extermination qui y a éclaté, nous ne fe-
rons que les rappeler rapidement en ce qui sera
nécessaire pour l'intelligence de la catastrophe et
de ses causes, renvoyant nos auditeurs à deux ou-
vrages remarquables, publiés en français sur ce
sujet par MM. Lutteroth et Wilks (1). Quand celui
qui a l'honneur de vous parler vous racontait, l'année dernière à pareille époque, l'œuvre de destruction accomplie sur les pauvres Nestoriens, par la
plus féroce des peuplades mahométanes de l'Asie,
la race exécrable des Kourdes, il ne s'attendait
guère qu'il aurait à mettre sous vos yeux le lamen-
table récit de la guerre d'extermination faite à une
petite peuplade, naguère païenne et maintenant
chrétienne, par une des plus puissantes des nations
qui sont à la tête de la civilisation. Mais de même
que, l'année dernière, nous pûmes reconnaître
l'empreinte de la main qui poussait les Kourdes sur
les Nestoriens *schismatiques*, nous pourrons aussi

---

(1) H. Lutteroth. *O, Taïti, histoire et conquête*, Paris 1843. —
Wilks. *Exposé des faits*, Paris 1843, traduit en anglais avec beau-
coup d'additions.

en découvrir la marque dans la ruine des Taïtiens *hérétiques*, et ainsi que le disait les prêtres catholiques, *livrés au démon*.

Tout le monde sait comment, après 18 années de travaux les plus dangereux et les plus pénibles, et avoir déployé une persévérance que la foi seule peut expliquer, les missionnaires de Christ virent en 1815 les idoles tomber devant la croix, et la bannière de l'Évangile se déployer au-dessus des montagnes de Taïti et d'Eimeo. Depuis l'année 1815, où les autels des faux dieux avaient été démolis et leurs temples renversés, mais où un grand nombre de ceux qui avaient embrassé le christianisme n'en avaient encore qu'une idée très-imparfaite (1), grâces au dévouement des missionnaires, à l'exemple qu'ils donnaient, aux écoles de tout genre qu'ils avaient établies, aux prédications multipliées par lesquelles ils ne cessaient de chercher à éclairer le peuple à la traduction de la Bible et à sa diffusion dans le pays, et surtout à la bénédiction d'en Haut, chaque année voyait la religion de Jésus-Christ pousser des racines plus profondes dans la nation, les âmes s'éclairer et les fidèles donner par leur conduite des preuves manifestes de la présence dans leurs cœurs de l'influence régénératrice du Saint-Esprit. Ce peuple, célèbre dans les récits des navigateurs par sa dépravation et son impureté, chez lequel le mensonge et le vol étaient, si ce n'est en honneur, au moins dans l'usage le plus commun, où les affections de la nature n'étaient que transi-

(1) Ellis, *History of the London missionary society*. T. 1, p. 225.

toires, où se commettaient journellement des atro-
cités qui ne se présentent que rarement dans les
annales de la perversité humaine, où l'infanticide
était pratiqué d'une manière si générale que, dans
tout le pays, on aurait à peine trouvé une seule
femme qui n'eût fait périr un ou plusieurs de ses
enfants (1), où le père âgé ou infirme était enterré
vivant ou percé d'une lance par son fils, où la guerre
la plus sauvage régnait continuellement, où les
superstitions les plus absurdes et les plus sanguinaires faisaient courber toutes les têtes, où des
sacrifices humains étaient offerts sous les prétextes
les plus frivoles, avait complètement changé de face ;
et le capitaine Duperrey écrivait le 23 mai 1823 au
ministre de la marine : « L'île de Taïti est bien diffé-
» rente de ce qu'elle était du temps de Cook ; les
» missionnaires anglais ont totalement changé les
» mœurs et les coutumes de ses habitants ; l'idolâ-
» trie n'existe plus ; les femmes ne viennent plus à
» bord des bâtiments, elles sont même d'une réserve
» extrême lorsqu'on les rencontre à terre... Les
» guerres sanglantes et les sacrifices humains n'ont
» plus lieu depuis 1816, etc. » Un ancien ministre
de la marine, M. Hyde de Neuville, présidant le
11 décembre 1829 la Société de Géographie de
de Paris, s'écriait : « Quel prodigieux événement
» que cette révolution morale opérée comme par
» enchantement dans ces archipels de la Polynésie,
» qui gémissaient sous le joug sanglant de la plus
» absurde idolâtrie ! Quoi, tout-à-coup les sacrifices

____

(1) Ellis, I. c. p. 102 et suiv.

» humains cessent, les prêtres du mensonge se dis-
» persent, les autels des faux dieux tombent, et à
» la loi tyrannique et cruelle du *tabou*, succède la
» loi si douce et si bienfaisante de Jésus-Christ !
» Quelle gloire pour le christianisme ! mais là ne
» s'arrête pas son triomphe. En brisant les idoles
» de la Polynésie, il inspire à ses habitants le besoin
» de l'ordre et l'amour du travail. A l'arbitraire du
» despotisme, il fait succéder un gouvernement
» dont l'action devient chaque jour plus régulière...
» Que ne peut la charité chrétienne, quand une
» foi vive et éclairée la dirige ! (1). »

L'œuvre de l'évangélisation et de la civilisation
des îles de la Société se continuait paisiblement,
quand en 1828 un Belge, dont le nom restera atta-
ché à la ruine des îles de la Société, M. Mœrenhout,
arriva à Taïti pour y faire un établissement de com-
merce. Considérant la mission comme un obstacle à
sa prospérité personnelle, il commença à lui porter
une malveillance qui se changea peu à peu en une
haine déclarée. Cet homme, que le gouvernement
français choisit pour son consul général, après que
les États-Unis l'eurent destitué des fonctions de même
nature qu'il avait exercées en leur nom, et dont
elle a fait plus tard le commissaire royal auprès de

(1) Moniteur du 2 janvier 1850. Voir aussi le discours de M.
Guizot dans le troisième rapport de la Société des Missions évangéliques de Paris, assemblée du 14 avril 1826 ; les récits de
M. Stewart, américain (*A visit to the south leas in the Unite states
ship Vincennes, by E. S. Steward)*, et les déclarations des capitai-
taines de S. M. Britannique Gambier, Waldegrasse, Fitzroy,
etc. *(Brief statement. p. 37-44).*

la reine, s'est peint lui-même dans l'ouvrage qu'il a publié en 1835 à Paris, sous le titre de *Voyage aux îles du grand Océan*, et y a montré quels étaient ses principes (1). La prospérité et la paix régnaient dans les îles, et les efforts des missionnaires pour y répandre toujours plus les convictions et les préceptes de l'Évangile, n'étaient contrecarrés que par l'arrivée continuelle de vaisseaux étrangers qui, au mépris des lois du pays, travaillaient à renouveler les actes de débauche et d'ivrognerie qui avaient autrefois souillé cette contrée. Papéïti, le principal port de l'île, était le théâtre de ces scènes scandaleuses, qui trouvaient toujours dans M. Mœrenhout un avocat et un protecteur (2).

Tant que les missionnaires protestants avaient eu à lutter contre les dangers et les fatigues, tant que le glaive des idolâtres avait été levé sur eux, tant qu'on ne pouvait s'imaginer que jamais ces hommes aussi impurs que sanguinaires ne fléchiraient les genoux devant la croix du Rédempteur, Rome les avait oubliés et n'avait rien fait pour se faire connaître à eux; ce ne fut que quand les progrès de l'Évangile dans les îles de la mer du Sud commencèrent à faire du bruit en Europe et à prouver la fausseté de cette assertion si souvent répétée par les écrivains catholiques, que le protestantisme était incapable d'amener les païens à l'Évangile, que le

(1) Dans cet ouvrage il parle avec estime de chacun des missionnaires, et dit de M. Pritchard *qu'il mérite les plus grands éloges.* T. I, p. 242, 243, 260, 274, 279; II, p. 515.

(2) Ellis. *History.* I. p. 559.

catholicisme prît la résolution de travailler par tous les moyens possibles à éteindre ce témoignage authentique de la puissance de la vérité pour le salut des âmes. « Les prêtres catholiques, » dit un écrivain français favorable à l'occupation de Taïti, « au lieu d'aller chercher de nouvelles terres à con-» quérir, de chercher à civiliser des nations encore » barbares, semblent constamment désireux de de-» venir les rivaux des ministres protestants et de leur » enlever leurs prosélytes (1). » Sous la restauration, en 1822, une vaste association nommée *OEuvre de la propagation de la foi,* avait été établie à Lyon et avait reçu de quatre papes successivement les témoignages de leur approbation et une abondante mesure d'indulgences plénières. A cette association étaient attachées quatre congrégations françaises, les *Lazaristes,* les *Maristes,* les *Missions étrangères* et la *Maison de Picpus,* ainsi nommée du nom de la rue de Paris dans laquelle elle avait été établie. Un décret de la Propagande romaine, confirmé par Léon XII, le 2 juin 1833, avait confié à cette Société la tâche de convertir les habitants des îles de l'Océan pacifique. Les prêtres qui lui appartenaient avaient fixé leur quartier général à Valparaiso, au Chili, dont ils font le plus pompeux éloge : « Le peuple, » disent-ils, quoique dans l'ignorance la plus pro-» fonde, conserve cependant la foi qu'il a reçue des » Espagnols. La religion catholique est la religion » de l'Etat, il est même défendu par les lois d'y

(1) *Iles Taïti,* par MM. Vincendon Dumoulin et C. Desgray, 1844, p. 15.

» introduire aucune secte. » De là ils commencèrent à s'établir aux îles Gambier où l'Évangile n'avait été porté que depuis peu et n'avait pas encore poussé de profondes racines. Mais les missionnaires romains allaient plus vite en besogne; à peine débarqués à Aréna, une des îles Gambier, ils avaient déjà arraché des âmes à l'enfer et les avaient envoyées dans le ciel. « Dès ce moment, disent-ils, » la paix du ciel sembla descendre dans l'île d'A- » réna. Un enfant de quelques jours et en danger » de mort, fut régénéré et sanctifié par les eaux du » baptême. » Le 27 décembre ils en baptisèrent un autre. « L'enfant jetait quelques petits cris, » disent-ils, et mourut le soir même, *à notre grande* » *joie*, parce que sa mort lui a assuré son bonheur. » Nous ne savons pas si ces baptêmes avaient lieu du gré des parents, ou si les missionnaires de Gambier suivaient la méthode du père Bataillon qui écrivait en 1839 de l'île Wallis : « Afin de n'éprouver au- » cune difficulté à conférer le baptême aux petits » enfants, même sous les yeux de leur mère, voici » comment je m'y prends. J'ai toujours avec moi un » flacon d'eau de senteur et un autre d'eau naturelle ; » je verse d'abord quelques gouttes du premier sur » la tête de l'enfant sous prétexte de le soulager, et » pendant que sa mère se plaît à l'étendre douce- » ment avec la main, je change de flacon et je » répands de l'eau qui régénère sans qu'on soup- » çonne ce que je fais (1). »

______

(1) Est-ce pour cette ingénieuse manière de faire des chrétiens que le père Bataillon a été nommé évêque et vicaire apostolique de l'Océanie centrale ?

Mais les îles Gambier n'étaient qu'une relâche pour s'élancer contre les missionnaires protestants des îles de la Société. En mai 1836, un des prêtres de Rome débarqua à Papéiti déguisé en charpentier, et de là écrivit à ses collègues, MM. Caret et Laval qui étaient restés en arrière, en les informant qu'une loi du pays ne permettait pas aux étrangers de débarquer sans permission ; aussi ceux-ci « pour éluder la défense (1) », se firent-ils mettre à terre sur un des points de l'île le plus éloigné de Papéiti. On a cherché dès-lors à nier l'existence de cette loi, mais son existence ressort du récit même des missionnaires catholiques, et M. Rienzi, l'auteur de l'ouvrage publié dans l'*Univers pittoresque* sous le nom de l'*Océanie*, et qui a écrit sous le nom de M. Dumont-d'Urville, reconnaît qu'elle existait. « En 1826, dit-il, une loi avait été promulguée, qui
» avait pour but d'empêcher les aventuriers et les
» personnes suspectes de troubler l'ordre de choses
» établi. Cette loi condamnant à une amende de
» 30 piastres (dollars) tout capitaine étranger qui
» mettrait à terre qui que ce fut, sans l'autorisation
» du chef du district. » D'ailleurs M. Ellis (2) déclare avoir en sa possession un exemplaire imprimé de cette loi qui a été publiée au nom du roi qui mourut le 11 janvier 1827. Certes, le gouvernement de Taïti avait autant de droits de promulguer une loi pareille que peut en avoir la France d'avoir éta-

(1) *Annales de la propagation de la foi*, n° 56, p. 212. — Dumont-d'Urville, *Voyage au Pôle sud et dans l'Océanie*, t. III, p. 205.

(2) *Hist. of the Lond. miss. soc.* I. p. 403.

bli et maintenn la loi du 28 vendémiaire an **VI**, (19 octobre 1797) d'après laquelle tout étranger peut être expulsé du territoire français, si le gouvernement le juge convenable pour l'ordre public.

Du point où ils avaient débarqué, les prêtres de Rome se rendirent à Papéïti, « prêchant, c'est eux-mêmes qui le disent (1), » contre les missionnaires protestants, les représentant comme des imposteurs et excitant le peuple à les chasser. — Arrivés à Papéïti, ils furent accueillis à bras-ouverts par M. Mœrenhout qui les présenta à la reine, à qui ils demandèrent la permission de rester sur l'île, en lui faisant un présent qu'elle renvoya d'abord, mais qu'elle accepta ensuite, en leur faisant à son tour quelques dons (2). La reine ayant assemblé les chefs, conformément à la loi de Taïti, le résultat de cette assemblée fut qu'il fût signifié au prêtres romains qu'ils eussent à partir. Ils s'y refusèrent, s'enfermèrent dans une maison que M. Mœrenhout leur avait prêtée ; et l'officier de police chargé de faire exécuter l'ordre du gouvernement fut obligé, pour parvenir jusqu'à eux, d'écarter les feuilles qui formaient le toit. Là, sur le refus de MM. Caret et Laval d'obtempérer à l'ordre qu'il leur montrait, il il les fit porter, avec tous leurs effets, jusqu'à la pirogue qui devait les transporter au navire. « Les » satellites du méthodiste anglais Pritchard, s'écrie » à ce sujet le *Journal des Prédicateurs* (3), armés de

---

(1) *Annales de la propagation de la foi*, n° 56, p. 242.

(2) *Ann. de la propag.*, n° 56, p. 246-248.

(5) Octobre 1844, p. 9.

» cordes, pénètrent chez les prêtres du Seigneur.
» Spectacle sublime qui arrête un moment leurs
» bras...! Ils sont là tous deux, les mains jointes,
» calmes dans la prière... On les saisit..., on les
» traîne hors de leur retraite... On les prend par
» les pieds et par les mains, et ils sont jetés en-
» suite de force dans la goëlette qui doit les em-
» porter. Nous ne nous préoccuperons pas, dans
» cet attentat, de l'illégalité de cet acte, de sa
» cruauté, des protestations du consul américain,
» car depuis Dieu a fait triompher la cause sainte,
» et les missionnaires prêchant la religion catho-
» lique sont à Taïti honorés par le peuple et lui
» portent, au milieu des troubles dont ce pays a
» été le théâtre, le secours de leurs pieuses conso-
» lations. »

Et c'est en octobre 1844 qu'on peut écrire de
pareilles choses et parler des *pieuses consolations* que
les prêtres romains portent au peuple que leurs
intrigues font égorger! Remarquez, Messieurs, avec
quel soin le journal catholique que j'ai cité, imitant
en cela une foule de ses confrères politiques ou reli-
gieux, représente M. Pritchard comme étant le pro-
moteur de l'expulsion des deux jésuites. Cependant
M. Caret, dans le récit qu'il a publié de toute cette
affaire (*Ann. de la propagation de la foi*, 56), insinue
sans doute que l'influence de M. Pritchard peut bien
avoir été grande dans son affaire, mais attribue la
décision à la reine et aux chefs, et ne parle jamais
des autres missionnaires évangéliques alors au nombre de dix. Ce ne fut que l'année suivante quand
on apprit que M. Pritchard avait été nommé consul
d'Angleterre, que dans le désir de donner le change

à l'opinion de la France, de faire d'une question de police intérieure, une question politique, et d'exciter la haine française contre l'Angleterre, qu'on imagina d'attribuer à son influence l'expulsion d'hommes qui n'étaient entrés à Taïti qu'en en violant les lois.

Quand il s'agit d'une île de la mer du Sud, on peut tronquer et torturer la vérité, et avant que les faits soient connus, avoir mis en mouvement les mauvaises passions. Quant à l'influence que les missionnaires évangéliques ont pu avoir sur l'expulsion de MM. Caret et Laval, voici la réponse que le comité de la Société des missions de Londres, composé des hommes les plus loyaux et les plus honorables, a faite le 24 octobre 1844, à la question que nous lui avions adressée sur ce sujet : « Si on a pu
» dire qu'un ou deux des missionnaires a pu don-
» ner au gouvernement taïtien le conseil de ren-
» voyer les prêtres (accusation qui n'a jamais été
» prouvée), nous avons en mains les preuves incon-
» testables que nos frères protestent contre cette
» imputation, et que par principes ils désapprouvent
» hautement l'emploi de tout autre moyen que des
» moyens purement moraux et une controverse
» franche et loyale, pour déjouer les artifices de
» Rome, et pour combattre ses agents. » Ce qui démontre au surplus que ce n'était, ni parce qu'ils étaient prêtres romains, ni parce qu'ils étaient Français, mais parce qu'ils avaient violé les lois en débarquant sans autorisation, que MM. Caret et Laval furent renvoyés de Taïti, c'est que quelques mois après, M. de Pompallier, vicaire apostolique à la Nouvelle-Zélande, passant à Taïti avec un autre

prêtre, fut reçu sans difficulté et dit la messe dans la maison de M. Mœrenhout. S'il était besoin d'une nouvelle preuve de la difficulté que la vérité éprouve à déchirer les voiles dont la calomnie l'a enveloppée, elle se trouverait dans l'assertion renouvelée par M. Molé à la tribune de la chambre des pairs, le 13 janvier 1845, que « les deux missionnaires » catholiques en question avaient été molestés par » les missionnaires anglais. »

Au commencement de 1837, M. Caret fit inutilement une nouvelle tentative pour être reçu à Taïti, et fit voile pour Valparaiso en s'écriant : « Il ne sera » pas dit que l'erreur triomphera contre la vérité ; » l'auguste Marie, que l'Eglise appelle la destruc- » trice de toutes les hérésies, saura bien l'anéantir » à Taïti (1). » Et afin de donner « à l'auguste Marie » un appui temporel, il partit pour la France, voulant solliciter une réparation (2). De Paris il se rendit à Rome, obtint du pape les plus favorables encouragements, revint à Paris où il fut fort bien accueilli par le Roi et par la Reine. Rome n'a pas de marins, pas de frégates, pas de soldats à envoyer au-delà des mers, la France mit tout cela à sa disposition et se chargea de faire triompher, non par la force et l'éloquence des prédications, mais par la force et la puissance des canons, ce que M. Caret et les siens appellent la vérité. « Le Gou- » vernement français, dit M. Lutteroth (3), promit

(1) *Ann. de la propag. de la foi*, n° 56, p. 254.
(2) Dumont-d'Urville, *Voyage*, t. III, p. 209.
(3) *Enquête*, p. 253.

» de venger la maison de Picpus, de favoriser les
» plans de la propagande dans l'Océan pacifique,
» de transporter et de protéger les prêtres aux îles
» Marquises, enfin *d'établir des missionnaires catho-*
» *liques sur tous les points* (1). »

Cependant un illustre marin, dont la fin déplorable a affligé profondément les amis de la science, accomplissant un voyage scientifique, avait paru dans l'Océanie, et soit à Valparaiso, auprès de deux des pères de Picpus qui y étaient restés, soit auprès de l'évêque Rochouse aux îles Gambier, il avait entendu raconter par eux ce qui s'était passé à Taïti; mais ils avaient eu soin, pour l'indisposer, d'ajouter à leur récit une foule de détails qu'on chercherait en vain dans la relation de MM. Caret et Laval, tout irrités qu'ils étaient contre le gouvernement de Taïti. L'évêque engagea M. Dumont-d'Urville, dit celui-ci (2), « à représenter vivement
» au ministre, qu'il fallait des mesures promptes et
» énergiques pour rabattre l'insolence des mission-
» naires protestants. » Il paraît que l'évêque ne trouva pas autant de facilités à convaincre les officiers du commandant. Voici ce qu'écrit son secrétaire (3) : « Les missionnaires catholiques attaquent
» leurs antagonistes par tous les côtés, et leur ar-
» deur est telle, qu'il y a peu de temps deux d'entre
» eux se sont fait conduire à Taïti pour convertir les
» naturels, déjà chrétiens, à la foi romaiue. Cette

(1) *Ann. de la propag. de la foi*, n° 68, p. 84.
(2) *Voyage*, t. III, p. 190.
(3) *Voyage*, t. III, p. 373.

» tentative est inconvenante, puisqu'il existe encore
» assez d'idolâtres à rendre chrétiens, sans aller
» faire invasion sur le terrain d'autrui. Ici le bout
» de l'oreille perce, et on peut facilement voir que
» les efforts de nos missionnaires tendent non pas
» à l'amélioration des peuples sauvages, mais à la
» renommée qui en résultera pour leurs travaux.
» Ils préfèreront aussi trouver une occasion de faire
» parler d'eux en allant renverser, s'ils le peuvent,
» l'édifice élevé par un voisin, plutôt que de s'adon-
» ner à des travaux obscurs de civilisation dans un
» coin caché du globe, où, quoique leurs efforts
» soient couronnés de succès, ils n'attirent pas
» l'attention publique. A nous, étrangers à la que-
» relle, il devient souvent impossible de compren-
» dre le rapport que les accusations des mission-
» naires ont avec la religion. »

Telle n'était pas l'opinion du Pape, et voici ce
qui en résulta : Le 27 avril 1838, *la Vénus* sous
les ordres du capitaine Dupetit-Thouars arriva à
Taïti. « Son commandant était chargé, » nous dit-
il (1), « d'exiger des réparations de la reine Pomaré
» et de demander des dommages et intérêts pour
» MM. Laval et Caret, si injustement maltraités et
» si outrageusement obligés de prendre passage
» pour retourner aux lieux d'où ils venaient. »
Aussi sans autres informations que celles qu'il reçut
de M. Mœrenhout, le complice des prêtres romains,
il écrivit le 30 août à la reine une lettre où, déclarant qu'il était envoyé pour « réclamer et exiger

(1) Dupetit-Thouars, *Voyage*, t. II, p. 585.

» au besoin la prompte réparation due à une grande
» et puissante nation, qui a été insultée d'une ma-
» nière grave et non provoquée, » il exigeait :
1° une lettre d'excuses de la reine; 2° une somme
de 2,000 piastres d'Espagne, comme indemnité
pour MM. Laval et Caret; 3° un salut de 21 coups
de canon pour le pavillon français, et menaçait la
reine de la guerre immédiate, si dans les vingt-
quatre heures elle n'avait pas satisfait à ces trois
conditions. En vain écrivit-elle au commandant
pour demander à être entendue, il lui fut répondu
qu'on ne voulait recevoir aucune explication (1).
Comme la reine était loin de posséder les 2,000
piastres exigées, quelques étrangers les fournirent,
et comme elle ne possédait pas davantage la poudre nécessaire pour les 21 coups de canon exigés
en l'honneur du pavillon français, et qu'il n'y avait
pas moyen de s'en procurer sur l'Ile, on eut recours à un expédient. « M. le consul », dit le capitaine à M. Pritchard qui lui exposait la difficulté,
« je vous donnerai de la poudre et vous en ferez
» l'usage que vous voudrez. » Les 21 coups furent
tirés, et ce fut avec sa propre poudre que le capitaine salua son propre drapeau. Cependant le but
réel de la mission de M. Dupetit-Thouars n'était
pas encore atteint; il contraignit la reine à signer
une convention par laquelle les Français, *quelle que
fût leur profession*, devaient être reçus à Taïti
comme les étrangers les plus favorisés. Peu de jours
après M. Dumont-d'Urville arriva aussi, et dans

______

(1) Ellis, *Hist.* I, p. 407.

2

une visite qu'il fit à la reine avec son compatriote,
il lui dit (1) « qu'elle était libre dans ses états, que
» personne au monde, pas même le roi des Français
» ne pouvait lui demander de changer sa religion et
» qu'*elle aurait eu raison si elle s'était contentée de défen-*
» *dre aux missionnaires français tout signe public de*
» *leur culte.* » Il ne faisait que confirmer ce que
M. Dupetit-Thouars avait dit auparavant à la reine
qui, à l'occasion de la convention que nous venons
de rappeler, lui exprimait le désir que des prêtres
français ne vinssent pas s'établir parmi son peuple.
« Vous n'avez, » lui avait-il dit, « qu'à publier une
» loi qui fait de la religion protestante, la religion
» du pays et empêche toute autre religion d'être
» enseignée dans vos états. » En conséquence de
ces conseils, le gouvernement de Taïti publia une loi
qui défendait de propager aucune doctrine religieuse
ou de célèbrer aucun culte opposé au véritable
Evangile tel qu'il était prêché à Taïti depuis 40 ans.
Cette loi avait surtout pour but d'arrêter les progrès
d'une secte anarchiste qui avait récemment excité des
troubles. Néanmoins les missionnaires protestants
y étaient très-opposés (2) et leur manière de voir sur
ce sujet est démontrée parce qu'ils faisaient dans le
même temps aux îles Sandwich, où ils avaient em-
ployé avec succès leur ascendant sur le roi et sur
les chefs pour faire révoquer une loi de 1837 qui
interdisait l'entrée de l'île aux émissaires de la propagande. L'Evangile ne craint pas la concurrence et

(1) Dumont-d'Urville, t. IV, p. 69, 70.
(2) Ellis, *Hist.* I. p. 407. Wilks, *Review.* p. 86, 87.

la lutte ; ce n'est pas dans les états catholiques qu'elle
est interdite. Au reste la loi publiée à Taïti ne fut
pas exécutée, car nous voyons le missionnaire catholique Baty écrire le 15 avril 1839 au supérieur-gé-
néral de la Société pour la propagation de la foi (1)
« nous voici arrivés à Taïti. Ici les choses ont bien
» changé de face, nous avons pleine liberté de cir-
» culer dans l'île, sans être obligés d'en solliciter la
» permission. »

Trois jours après le départ volontaire de l'écrivain des lignes que nous venons de citer, la frégate
l'*Artémise*, commandée par le capitaine Laplace,
arriva à Taïti ; en entrant dans le port elle toucha
sur un rocher, et pendant trois mois les insulaires
prêtèrent la plus généreuse assistance aux matelots
qui y répondirent en faisant de Papéïti et de ses
environs le théâtre des scènes les plus honteuses
de débauche et de libertinage (2). Mais à peine
l'*Artémise* eut-elle réparé ses avaries, que son capitaine pointant ses canons sur Papéïti, exigea l'abro-
gation de la loi décrétée d'après les conseils de
MM. Dumont-d'Urville et Dupetit-Thouars, et l'acceptation des deux demandes suivantes : « La
» liberté du culte catholique dans tous les états de
» la reine, et la cession sans indemnité d'un ter-
» rain pour l'érection d'une église romaine ; » et
cela quand il n'y avait dans toute l'île qu'un seul

(1) *Ann. de la propag. de la foi*, n° 68, p. 86 88.

(2) Il faut lire dans le récit de M. Reybaud (*la Polynésie* p. 121-
138) le récit complaisant de ces scènes pour se faire une idée du
point où peut aller l'immoralité.

français (1), et qu'aucun indigène ne professait et
ne connaissait la religion du Pape; mais il fallait
préparer les voies à l'arrivée des missionnaires de
la propagande. Ces mesures ont paru toutes natu-
relles et toutes justes à la presse française. Mais que
dirait-elle, que diraient les journaux catholiques
(et certes nous joindrions alors notre voix à la leur)
si les cantons de Berne, de Vaud, de Neuchâtel
rassemblaient une armée pour entrer en Valais, et
pour contraindre le gouvernement de ce pays a
effacer l'article de sa constitution, qui interdit aux
protestants tout exercice, même privé, de leur
culte, et pour exiger la cession d'un terrain pour la
construction d'une église protestante ?

Devant les canons du capitaine Laplace, que pouvaient faire la reine et les chefs de Taïti? Les demandes furent accordées : le capitaine Laplace alla
continuer aux îles Sandwich sa double propagande
en faveur de la débauche et de l'église romaine !
La loi prohibitive du culte catholique avait été rap-
portée à la demande des Missionnaires évangéliques
eux-même (2). Mais cela importait peu, le capitaine
Laplace lança un manifeste contre les chefs des
îles, où il dit que « flétrir la religion catholique du
» nom d'idolâtrie.... c'était insulter la France et
» son Roi ; il déclare que parmi les nations civili-
» sées, il n'y en a pas une qui ne permette sur son
» territoire la liberté de toutes les religions (3), »

(5) L. Reybaud , p. 157.
(2) Lutteroth, *Enquête*, p. 262.
(5) M. Laplace avait sans doute oublié ce qui se passe dans les
états du Pape, de la Sardaigne, de Naples, etc. , etc.

et finit par exiger la liberté du culte catholique, la cession sans indemnité d'un terrain pour l'érection d'une église catholique et le dépôt entre ses mains, d'une somme de 20,000 piastres (environ 110,000 francs), comme garantie de l'observation du traité. Il terminait par les mêmes menaces qu'à Taïti, offrait en cas de guerre un refuge à tous les étrangers, mais en exceptait les membres du clergé protestant. Il faut remarquer ici que les missionnaires des îles Sandwich sont américains, et par conséquent on ne pourra pas dire qu'on voulait contre-balancer dans ces parages l'influence de l'Angleterre. Le but réel de toutes ces transactions, et de celles qui avaient eu lieu précédemment à Taïti, se voit clairement. C'est à la religion évangélique qu'on faisait la guerre. Les chefs des îles Sandwich n'étaient pas plus en état de résister que ceux de Taïti; le traité fut signé, et M. Laplace y fit entrer un article qui détruisait tous les efforts faits pour arrêter les progrès de l'ivrognerie et de l'intempérance. En même temps qu'il assurait la libre entrée des prêtres de Rome, il renversait toutes les barrières qui s'opposaient à l'introduction des vins et eaux de vie de France.

Mais retournons à Taïti. Toutes les voies étaient donc ouvertes à l'arrivée des missionnaires de Rome et le déploiement de protection qu'on avait montré, leur garantissait pleine liberté d'action et concurrence entière avec les pasteurs de l'Eglise protestante. Mais la liberté des cultes ne convient pas à Rome, et tant que les missionnaires protestants se trouvaient sur le même niveau que les émissaires du Pape, ils avaient un trop grand avantage. *Les*

missionnaires français nous dit un des officiers de l'amiral Dupetit-Thouars *ne font presque aucun prosélyte.* (1) Il fallait donner à l'établissement et à la propagation du catholicisme dans les îles de la Société, un appui plus permanent que celui que pouvait lui procurer de temps en temps la visite de quelques vaisseaux de l'Etat; il fallait que le papisme devint la religion du gouvernement du pays, et afin que quiconque voulait bien ouvrir les yeux pût voir quel était le but des nouvelles mesures qui se préparaient, le Pape lui-même se chargea d'en écrire la préface. Dans son encyclique datée du 18 des calendes de septembre de l'an 1840, Grégoire XVI, réclamant des secours en faveur de la Société de la propagation de la foi qui dirigeait les opérations de la Propagande dans l'Océanie, disait : « Il n'est pres-
» que pas sur le globe de contrée si barbare où les
» sociétés centrales bien connues des hérétiques et
» des incrédules, n'envoient à grands frais des agents
» et des émissaires... Quels éloges ne devons-nous
» donc pas à cette Société célèbre qui prend tou-
» jours de nouveaux accroissements.... Certaine-
» ment le temps est venu où à la vue du démon
» sévissant par tout l'univers, la phalange chrétien-
» ne doit soutenir le combat. C'est aussi le temps
» de porter les fidèles à s'unir par cette sainte ligue
» aux larmes, aux prières et aux travaux des prê-
» tres pour la foi. » (2)

(1) Lettre écrite à bord de la *Reine Blanche* le 10 octobre 1842, insérée dans les journaux du 27 mars 1843.

(2) *Ann. de la soc. de la propag. de la foi*, n° 75, p. 605-615. — Luther, *Enq.* p. 229-330.

Ce fut M. Mœrenhout devenu si dévoué à la Propagande et si hostile aux Missionnaires évangéliques qui fut choisi pour préparer le nouveau pas que le papisme voulait faire dans les îles de la Société. En septembre 1841, un an après l'encyclique du Pape, ayant réussi à indisposer quelques chefs contre le consul américain, il leur persuada que, par son entremise, ils pourraient en cas de difficultés obtenir l'assistance de la France, et pendant l'absence de la reine qui faisait une visite aux îles sous le vent, il leur fit signer une lettre qu'il avait préparée et par laquelle ils demandaient la protection de cette puissance (1).

Mais quand les chefs surent mieux ce que cette lettre signifiait, ils révoquèrent leur signature et écrivirent au consul anglais, M. Cunningham, en déclarant que quand ils l'avaient placée au bas de cette pièce, on leur avait persuadé qu'elle avait un tout autre sens. Aussitôt que la reine eût connaissance de ce qui s'était passé, elle écrivit pour expliquer l'affaire à la reine d'Angleterre, au président des Etats-Unis et au roi des Français. Le 11 mai 1842, le capitaine Dubonzet arriva à Taïti sur l'*Aube*, corvette de 24 canons, et obligea la reine à licencier sa police, parce qu'elle avait arrêté un capitaine baleinier français, qui s'était rendu coupable d'ivrognerie et de tumulte. En même temps il lui envoyait une lettre du commandant de la station française dans l'Océan pacifique, par laquelle celui-ci décla-

(1) *For. Quart. Review*, n° 67, *p.* 185. — Ellis, I, p. 411. — Wilks, *Review.* p. 108 et suiv.

rait que les Français n'avaient aucune intention d'offrir leur protectorat à Taïti, qu'ils étaient amplement satisfaits de la réparation faite par la reine, que la France n'avait pas d'autres demandes à faire, et il y joignait une missive écrite par lui-même où il confirmait en son nom particulier et comme autorisé à le faire toutes les assertions de son chef. M. Dubonzet n'était pas dans le secret.

Rien n'avait changé dès-lors à Taïti, et il a été impossible de produire aucun fait qui pût justifier de nouvelles agressions, quand, le 1er septembre 1842, arriva la *Reine Blanche*, frégate de 60 canons, commandée par M. Dupetit-Thouars, qui avait été élevé au grade de contre-amiral. M. Mœrenhout, qui avait appelé l'amiral à Taïti (1), se hâta de se rendre à son bord, au moment où la frégate entrait dans le port. Ce ne fut que peu de jours après qu'on sut ce qui avait été convenu. Le 5 septembre des messagers furent envoyés à Eimeo, où était alors la reine, attendant le moment de ses couches, et aux principaux chefs, les invitant à se rendre à Papéïti, afin que l'amiral leur présentât ses respects. Le 8, les principaux chefs arrivèrent et dînèrent à bord avec l'amiral; et le même jour celui-ci écrivit une lettre à la reine et aux chefs où, se plaignant de la violation du traité, mais sans dire en quoi, et de l'assassinat d'un Français (qui avait été si peu assassiné qu'il venait de se marier), offrait à la reine les deux alternatives suivantes : ou le paiement de 10,000 piastres (plus de 50,000), qu'il savait par-

---

(1) L. Reybaud; *Revue des deux mondes du 15 mai 1843, p.* 579.

faitement qu'elle ne possédait pas, ou l'occupation militaire de l'île. « Néanmoins », ajoutait-il, « pour
» prouver que c'est à regret que j'adopte des me-
» sures hostiles, j'invite la reine et les chefs à me
» soumettre, pendant les vingt premières heures
» sur les quarante-huit, une proposition capable
» de satisfaire le juste ressentiment de ma nation,
» et qui puisse conduire à la sincère réconciliation
» des deux peuples. » Les consuls étrangers furent officiellement prévenus que les hostilités étaient sur le point d'éclater.

Les chefs, invités à dîner à bord de la *Reine-Blanche*, y avaient été retenus toute la nuit, et le lendemain on apprit qu'après de longues hésitations, ils avaient consenti à signer une pièce, où, après avoir déclaré que « dans les circonstances présentes,
» ils n'étaient pas capables de gouverner le royaume
» de manière à vivre en bonne intelligence avec
» les gouvernements étrangers, et de peur qu'on
» ne les dépouillât de leurs terres, de leur royaume
» et de leur liberté, ils demandaient le protectorat
» de la France. » Cette pièce portait les noms des quatre même chefs par lesquels, un an auparavant, M. Mœrenhout, comme nous l'avons vu, sans qu'ils eussent compris de quoi il était question, avait fait approuver la première demande de protectorat. Ils ont déclaré plus tard qu'ils n'avaient signé ce nouveau document, que sous le poids des menaces qui leur étaient faites, et sous la promesse d'une somme de mille piastres pour chacun (1).

(1) *Edimburg Review*. Jan. 1844.

Ce même jour, 9 septembre, un messager fut
envoyé à la reine, avec ordre de ratifier dans les
24 heures, sans quoi l'amiral ferait jouer son artil-
lerie et arborerait le drapeau français sur l'île. En
recevant cette nouvelle, la reine commença par
refuser, et passa la nuit dans les larmes et dans les
premières douleurs de l'enfantement. Ce ne fut que
vers le matin qu'elle plaça son nom au bas du fatal
document, et fondant en larmes, elle prit dans ses
bras son fils aîné, âgé de six ans, et s'écria : « Mon
» enfant, je vins de signer la destruction de vos
» droits (1). » Le bateau qui rapportait la demande
spontanée (2) du protectorat arriva une heure avant
l'expiration du terme fatal. Immédiatement le commandant institua un gouvernement provisoire, à la
tête duquel il plaça M. Mœrenhout ! Il est facile de
juger ce qu'il faut penser de la spontanéité de la demande du protectorat (3), et de la manière dont il a été
offert à la France (4). Du reste, la reine écrivit immédiatement aux principales puissances, pour déclarer
que c'était contre sa volonté qu'elle avait accepté le
protectorat (5). Le 9 février 1843, dans une grande
assemblée publique que présidait la reine, on réso-
lut d'écrire en Angleterre pour demander l'opinion

(1) *Foreign quarterly Review.* n° 67, p. 186.

(2) Expression des journaux français.

(3) Voir pour plus de détails sur la spontanéité de cette soumission, l'*Exposé des faits*. Paris 1845, p. 10 et suiv. — Lutteroth,
Enquête, p. 281 et suiv.

(4) Expression de M. le Ministre de la marine dans l'exposé
des motifs d'un projet de loi pour la demande d'un crédit extra
ordinaire.

(5) *For. quart. Rev.* n° 67, p. 187.

du gouvernement. On a accusé M. Pritchard d'être l'auteur de cette démarche ; il suffit, pour montrer ce qu'on doit penser de cette accusation, de dire qu'il était alors sur mer revenant d'Angleterre, et qu'il n'arriva à Taïti que le 25 février. Du reste, depuis qu'il était consul, il avait complétement renoncé à toute fonction ecclésiastique, et n'était plus qu'un homme politique. Il y a donc au moins sept annnées qu'il n'est plus missionnaire.

Cependant M. Dupetit-Thouars était reparti pour aller visiter quelques autres points des rivages de l'Océan pacifique. En son absence, M. Mœrenhout ne cessait d'insulter et de vexer la reine, au point qu'elle fut obligée, le 5 mars 1844, d'écrire au capitaine Toup Nicholas, qui commandait un vaisseau anglais alors à l'ancre dans le port, pour le supplier d'intervenir, afin qu'avant d'entrer chez elle M. Mœrenhout dût lui faire demander si elle voulait le recevoir (1).

Mais l'œuvre n'était pas encore accomplie, les missionnaires protestants étaient encore à Taïti, leur présence offusquait les prêtres romains qui, à cause de leur influence et de leurs prédications, ne faisaient que peu de progrès. Il fallait donc à tout prix les expulser et faire un pas de plus dans la domination de l'île ; il fallait faire à Taïti ce qu'on avait fait aux îles Gambier, où, sous le nom de protectorat de la France, règnent les missionnaires papistes, et où, ainsi que nous l'apprennent les pièces déposées à la chambre des députés « la déclaration

____

(1) La lettre a été publiée dans le *Foreign quarterly Review*, n° 67, p. 188.

» faite par les principaux chefs de se placer eux et
» leur territoire, sous la protection de l'autorité
» française, n'a été suivie d'aucune occupation mi-
» litaire, ni de l'installation d'aucun agent adminis-
» tratif : le missionnaire français, le R. P. Liausse
» ayant été reconnu comme le chef de cette petite
» société (1). » Le 1er novembre 1843, l'amiral
Dupetit-Thouars arriva à Taïti avec le capitaine Bruat,
gouverneur des îles Marquises et commissaire royal
auprès de la reine Pomaré. Se souvenant de l'esprit
des instructions qu'il avait reçues, mais cette fois
en dépassant la lettre, il venait avec le projet de
prendre entièrement possession de l'île. Mais quel
sujet de grief inventer pour faire ce nouveau pas?
« Il n'y avait à l'arrivée de l'amiral, a dit M. Guizot
» à la chambre des députés, le 28 février 1844,
» aucune de ces difficultés qui ne peuvent être sur-
» montées par la prudence, la persévérance et en
» laissant agir le temps ; et qui exigeassent l'emploi
» immédiat de la force. » M. Dupetit-Thouars imagina d'ordonner à la reine d'abaisser un pavillon
qu'elle avait arboré sur sa propre demeure, en signe
de souveraineté. Celle-ci, croyant que quand le traité
de protectorat avait spécifié : Art. 1er. Que « le titre
» et l'autorité de la reine étaient maintenus, » elle
était encore reine, refusa d'abattre son drapeau. —
Pour bien comprendre cette chicane au sujet du
pavillon, et voir clairement que la véritable cause
des hostilités contre la reine Pomaré était la cause
romaine ; il n'y a qu'à comparer la conduite tenue à
son égard, avec la conduite suivie à l'égard des

(1) *Journal des Débats* du 19 janvier 1845.

chefs des îles Wallis. « Là, disent les pièces com-
» muniquées aux chambres françaises (1), le roi et
» les principaux chefs, ayant déclaré faire profes-
» sion de la foi catholique, à laquelle ils avaient
» été initiés par le R. P. Bataillon, manifestèrent
» l'intention de se placer sous notre pavillon... Le
» pavillon national (français) ne fut arboré sur aucun
» point de ce petit archipel, et M. le capitaine
» Mallet se borna à laisser adopter aux chefs un
» pavillon mixte *du choix de nos missionnaires*. » Et
à Taïti, le grand reproche fait au pavillon de la
reine, c'est qu'il lui avait été conseillé ou apporté
par M. Pritchard!!

Les pièces que je viens d'indiquer, ajoutent :
« Dans les nouvelles instructions remises à M. le
» contre-amiral Hamelin, le ministre a prescrit....
» de borner l'action du rôle de protection à exercer
» aux îles Wallis, à la visite que nos bâtiments
» peuvent y faire par intervalles, *pour appuyer l'in-*
» *fluence morale de nos missionnaires.* »

La reine de Taïti, n'ayant pas reçu son pavillon
de la main des jésuites, se refusant de l'amener,
le 4 novembre le lieutenant d'Aubigny débarqua à
la tête de 500 hommes, prit possession absolue de
l'île, et déposa la reine qui se réfugia à bord du
vaisseau de guerre anglais le *Dublin* et de là sur le
Basilisk. L'amiral prit possession des maisons de la
reine, et confisqua sa propriété; d'où il résulta
qu'elle fut laissée dans un état réel de misère (2).

(1) *Journal des Débats* du 19 janvier 1845.
(2) Correspondance inédite des Missionnaires avec les Directeurs
de la Société des missions de Londres. Lettre du 20 nov. 1843.

Cette démarche de l'amiral produisit la plus grande confusion dans toute l'île; les habitants de Papéïti l'abandonnèrent, emmenant avec eux tout ce qu'ils pouvaient emporter. Il n'y eut cependant encore aucune résistance aux mesures adoptées par les Français, la reine ayant recommandé à son peuple une soumission passive.

Quelques jours après, eut lieu à la maison de la reine, devenue palais du gouvernement, un *lever*, où les résidents étrangers furent présentés au gouverneur Bruat. Des circulaires avaient été adressées nominativement à tous les missionnaires, dans lesquelles il leur annonçait que « le 15, à 11 heures, » il les recevrait avec plaisir pour conférer avec » eux sur les intérêts des habitants, pour le bonheur » desquels ils avaient déjà tant fait. » Tous les missionnaires, sentant combien les circonstances étaient devenues délicates, et combien il était important de ne pas faire de fausses démarches, se réunirent pour délibérer sur ce qu'ils avaient à faire, et le 16 novembre ils répondirent en corps au gouverneur pour décliner son invitation : « Parce que nous » croyons, disaient-ils, que les derniers événe- » ments qui ont eu lieu dans cette île sont opposés » à la grande loi d'équité qui constitue le génie par- » ticulier de cet Evangile, que nous révérons comme » étant la Parole de Dieu et dont la propagation est » le seul but de notre vie; et parce que le docu- » ment que nous avions eu l'honneur de transmettre » au contre-amiral Dupetit-Thouars en septembre » 1842, et qni contenait simplement la déclaration » que nous voulions continuer, comme nous l'avons » toujours fait, d'exhorter le peuple à une pacifique

» obéissance aux puissances établies, a été repré-
» senté comme une approbation donnée par nous
» aux procédés de la nation française envers ce
» peuple; et encore parce que notre acceptation de
» l'invitation polie qui nous a été faite, pourrait
» paraître une atteinte à cette conséquence de carac-
» tère que nous désirons toujours maintenir devant
» Dieu et devant les hommes. Nous profiterons de
» cette occasion pour vous répéter l'assurance, que
» nous estimons que c'est notre devoir le plus
» sacré d'inspirer à ce peuple, soit en public, soit
» en particulier, une obéissance constante et paci-
» fique à ces puissances sous lesquelles il a été
» placé par les dispensations du Tout-Puissant. »
Cette lettre était signée par quinze missionnaires.
Le même jour le Gouvernement leur répondait :
« Qu'il était fâché qu'ils se fussent mépris sur ses
» intentions; que ce qu'il demandait aux mission-
» naires protestants ne devait pas être considéré
» comme un acte de reconnaissance. La France,
» ajoutait-il, ayant pris possession de ces îles ne
» demande conseil à personne; du reste il avait vu
» avec plaisir leurs sentiments chrétiens, de prê-
» cher la paix à tous et l'obéissance au pouvoir
» établi. »
Conformément aux promesses qu'ils en avaient
faites, les missionnaires anglais prêchaient la paix
et la patience; et leurs efforts combinés et prolongés
auraient peut-être atteint le but, si la conduite des
soldats français n'avaient exaspéré le peuple. Des
pères aux bras desquels on avait arraché leurs filles,
des maris auxquels on avait enlevé leurs femmes,
allaient de village en village suppliant leurs compa-

triotes de venger leurs torts; c'étaient là les vrais prédicateurs de la résistance, les intriguants qui inquiétaient les Français (1). En rapportant les faits qui vont suivre, un journal des État-Unis qu'on n'accusera pas d'être l'agent de l'Angleterre, le *New Yorck observer* du 24 août 1844, les fait précéder de cette phrase : « Le monde civilisé lira avec indigna-» tion le récit que nous allons donner des outrages » commis par les Français dans les îles de la So-» ciété. » Grand nombre des pauvres Taïtiens s'étaient réfugiés et réunis dans les montagnes; la reine leur écrivait une lettre où elle leur conseillait de rester tranquilles, de ne pas maltraiter les Français et leur promettait le secours de la Grande-Bretagne. Cette lettre ayant été interceptée par les autorités françaises, ils jugèrent bon d'en faire un crime de trahison; le gouverneur Bruat mit les districts qui entourent Papéïti dans l'état de siége le plus rigoureux. Quelques-uns des chefs indigènes furent saisis et transportés sur la frégate l'*Embuscade*, l'un d'eux fut chargé de fers, et on vit s'élever autour de Papéïti des fortifications, des redoutes et des batteries. Quelques chefs s'étant réunis sur la presqu'île de Taïrabou, à la fin de février 1844, M. Bruat les considéra immédiatement comme des révoltés et des rebelles (2), probablement au même titre que l'empereur Albert d'Autriche appelait rebelles les Suisses du Grütly, se mit en mesure de

(1) *Foreign quarterly Review*, l. c. p. 191.

(2) **Rapports de M. Bruat** du 2 février et du 15 mars, dans le *Journal des Débats* du 12 janvier 1845.

déployer « des forces suffisantes pour intimider les » Indiens et les faire rentrer dans leurs districts, » et lui-même se mit à la tête d'un corps de troupes destiné à cette expédition.

Pendant son absence, une sentinelle du camp de Papéïti ayant été attaquée, le lieutenant d'Aubigny jugea à propos de s'en prendre à M. Pritchard que lui et son chef accusaient d'être l'instigateur de ce qu'ils appelaient la révolte des insulaires, il le fit arrêter au moment où, sans aucune défiance, il allait faire une visite au commandant d'un bateau à vapeur anglais, et publia en même temps la proclamation suivante qui donne l'idée de l'esprit qui l'animait :

« Une sentinelle française a été attaquée dans la » nuit du 2 au 3 mars. En représailles, j'ai fait » saisir le nommé Pritchard, seul moteur et insti- » gateur journalier de l'effervescence des naturels. » Ses propriétés répondront de tout dommage occa- » sionné à nos valeurs par les insurgés, et si le » sang français venait à couler, chaque goutte en » rejaillirait sur sa tête (1). » M. Bruat, à son retour, n'approuva « ni la forme ni le motif; » (c'est lui qui dit) de cette arrestation (2), il fit sortir M. Pritchard du blokhaus où il avait été renfermé et, sous la condition qu'il quitterait l'île immédiatement, le fit transporter à bord du vaisseau anglais le *Cormoran*, qui l'amena en Angleterre. M. Pritchard a toujours

(1) *Journal des Débats* du 12 janvier 1845.
(2) L. c. Dépêche de M. Bruat au ministre de la marine, du 21 mars 1842.

nié la vérité des allégations portées contre lui et a demandé les plus strictes investigations sur sa conduite (1), et certes, les assertions de l'un valent bien celles des autres. Il n'y a, du reste, qu'à parcourir les pièces soumises à la chambre des députés par le ministère français, pour voir que jamais on n'a allégué contre lui aucun fait positif, aucune accusation précise (2), et s'il avait été en effet le seul moteur et instigateur de l'insurrection, comment serait-il arrivé qu'aucune hostilité n'eût eu lieu pendant sa présence et qu'elles n'eussent commencé qu'après son départ.

Pour en finir avec les calomnies répandues contre M. Pritchard, il vous est peut-être tombé sous la main quelqu'un de ces journaux de Paris qui, pour mieux le *discréditer*, lui attribuaient des actes immoraux commis par lui en France, actes qu'il n'a jamais pu commettre, puisque ni lui ni aucun mem-

(1) Dépêche de lord Aberdeen à lord Cowley, du 6 septembre 1844, dans le *Journal des Débats* du 12 janvier.

(2) « Il importerait particulièrement de pouvoir faire reconnaître les faits mêmes imputés à M. Pritchard, et de donner ainsi quelque précision à des accusations qui ne se produisent encore que sous la forme d'assertions vagues et banales, » écrit le comte de *Jarnac* à M. Guizot, le 4 août 1844. Et tout ce que le ministre répond à cette instante demande *de faits*, c'est que le « gouvernement du roi est demeuré convaincu que M. Pritchard, » du mois de février au mois de mars 1844, a constamment travaillé, par toutes sortes d'actes et de menées, à entraver, troubler et détruire l'établissement français à Taïti, l'administration de la justice, l'exercice de l'autorité des agents français et leurs rapports avec les indigènes. » Dépêche du 29 avril 1844. De faits, pas question.

bre de sa famille *n'a jamais* mis le pied dans ce pays. Une cause qui a recours à de pareils moyens, est une cause jugée aux yeux de tout homme impartial.

Bien loin que l'esprit de résistance eût cessé par l'éloignement de M. Pritchard, il allait sans cesse en augmentant. « Les missionnaires évangéliques » voyant la crise approcher, et remplis de sollici- » tude pour ceux auxquels ils avaient si souvent » rompu le pain de vie, avec lesquels ils s'étaient si » fréquemment réunis dans les sanctuaires main- » tenant abandonnés (1) » , crurent de leur devoir de chercher à éviter l'effusion du sang qui se pré- parait, et en conséquence écrivirent le 19 mars à « Son Excel. le Gouverneur des possessions fran- » çaises dans l'Océanie, » une lettre où ils lui di- saient qu' « ayant la profonde conviction que leur » devoir comme ministres de l'Evangile de paix » était de tenter, par un effort collectif, ce que » leurs efforts individuels n'avaient pu réaliser, » d'engager les indigènes à retourner en paix dans » leurs demeures ; mais que sachant quelle in- » fluence avaient sur le peuple les chefs mainte- » nant proscrits , ils croyaient que leurs démarches » n'auraient de succès qu'autant qu'ils seraient au- » torisés par S. E. le Gouverneur, à leur offrir » des propositions de paix pour le cas où ils se » disperseraient. » Le Gouverneur leur répondit le

(1) Lettre (inédite) des Miss. M. aux Rév. Fremann et Fidmann, secrétaires de la Société des missions de Londres, en date du 28 mars 1844, communiquée par le comité.

même jour « qu'il était persuadé que les sentiments
» qu'exprimaient les missionnaires avaient toujours
» servi de base à leur conduite envers le peuple
» dont ils avaient pris la direction spirituelle, que
» le meilleur moyen de ramener la paix serait qu'ils
» vinssent le voir et qu'ils reconnussent franchement
» son autorité; il ajoutait que tant qu'ils n'auraient
» pas fait cet acte, les natifs, si peu versés dans les
» usages européens, trouveraient dans leur conduite
» quelque chose qui ne serait pas en harmonie avec
» les instructions qu'ils recevaient d'eux. »

Cette réponse mit les missionnaires dans un grand
embarras; d'un côté, ils étaient Anglais et n'avaient
aucun mandat pour reconnaître l'autorité du Gouverneur et pour faire acte d'allégeance auprès de
lui; de l'autre, ils désiraient ardemment sauver le
peuple de la destruction qui le menaçait. S'étant
donc réunis, et ayant imploré les secours de l'Esprit
de sagesse, ils résolurent de se présenter le jour
suivant devant le Gouverneur à son conseil de
guerre, et de lui lire un petit mémoire où ils expli-
quaient « que leur vocation étant strictement reli-
» gieuse, ils déclaraient ne vouloir point se mêler
» des affaires politiques des pays où ils pouvaient
» être placés; que tout ce qu'ils demandaient,
» c'était le droit déjà reconnu par S. E., d'exercer
» leurs fonctions spirituelles; que la proposition
» qu'ils avaient faite n'était inspirée que par le désir
» d'amener la paisible dispersion des indigènes. »
Le Gouverneur leur déclara « qu'il avait été con-
» vaincu, dès le commencement, que leurs inten-
» tentions et leurs actions étaient pacifiques, et que
» les indigènes pouvaient retourner chez eux, sauf

» les quatre chefs proscrits qui devaient se rendre
» pour faire leur soumission à Papéïti où ils ne se-
» raient cependant point emprisonnés. » Il décla-
rait aussi « que leurs propriétés ne seraient pas
» confisquées. »

Espérant que ces conditions pourraient, entre les
mains de Dieu, prévenir une terrible catastrophe,
les missionnaires avait hâte de se rendre auprès
des indigènes réunis sur la côte orientale de l'île,
mais la mer et les vents contraires étaient tels,
qu'ils ne purent s'embarquer que le 23 à deux
heures du matin.

A leur grande douleur, en débarquant à Hidioa,
ils trouvèrent que les hostilités avaient commencé
la veille, et que quelques-uns de leurs frèrcs, qui
résidaient dans cette partie de l'île, avaient été obligés de fuir, pour sauver leurs vies, en abandon-
nant tout ce qu'ils possédaient. Voici comment le
journal américain déjà cité (1) raconte le commencement de la lutte : « Un certain nombre d'indigènes,
» qui campaient sur les montagnes depuis qu'ils
» avaient été expulsés de la ville, prenaient tran-
» quillement leur repas, quand quelques Français
» arrivèrent auprès d'eux. Il y avait là deux chefs
» et leurs femmes ; les Français se saisirent des
» femmes et voulaient les entraîner de force à leur
» bateau qui était amarré à quelque distance. Les
» chefs ayant résisté furent immédiatement fusillés.
» Un troisième chef se leva et s'écria : Quoi ! som-
» mes-nous des chiens, qu'on nous traite ainsi ?

(1) New-Yorck Obs., du 5 septembre 1844.

» Nous sommes un peuple tranquille qui ne de-
» mande que la paix, et vous ne voulez pas nous la
» laisser ! Sur quoi les Français tirérent sur lui et
» le manquèrent. Il donna immédiatement le si-
» gnal de l'attaque, et plusieurs des agresseurs fu-
» rent tués. »

Ayant appris à leur retour que le gouverneur était résolu ou à *soumettre* ou à *exterminer* le peuple Taïtien (1), les missionnaires tinrent conseil pour savoir ce qu'ils devaient faire, et résolurent de rester à leur poste jusqu'à ce qu'ils en fussent chassés ou par les Français ou par les indigènes.

Les papiers publics nous ont raconté dès lors la suite des combats qui ont ensanglanté les rivages et les vallées de Taïti. Un des missionnaires, M. King, a été tué sur la galerie de sa maison par une balle échappée, dit-on, du fusil d'un des insulaires. Nous n'entreprendrons pas de donner les détails de ces tristes scènes; nous ne nous occupons ici que de ce qui concerne les progrès ou les revers de l'Evangile, et nous devons omettre ce qui ne s'y rapporte pas directement. La résistance des Taïtiens est devenue temporelle, et, quelque intéressante qu'elle soit pour le citoyen d'un pays libre et pour tout homme qui a quelque peu senti le prix de la liberté, nous ne croyons pas que les coups de fusil puissent jamais avancer le règne du *Prince de la paix*. Il suffira de dire qu'en date du 14 juin 1844, les missionnaires écrivaient aux secrétaires de la Société des Missions de Londres : « Il est impossible de vous donner une idée

______
(1) Lettre (inédite) des Miss. du 28 mars 1844.

» exacte de notre anxiété au milieu des pénibles
» circonstances dans lesquelles nous nous trouvons.
» Quatre de nos stations n'existent plus. Celles qui
» restent sont dans un état peu assuré, car la masse
» du peuple espère toujours du secours de l'An-
» gleterre, pour lui faire recouvrir ses droits; et
» nous n'osons pas nous faire une idée des maux
» qui résulteront de son désappointement. Pour
» nous qui, dès le commencement des malheurs
» qui ont fondu sur ce malheureux peuple, n'avons
» jamais eu aucune espérance de cette espèce, nous
» n'avons jamais cherché à l'entretenir. L'espoir
» d'être de quelque utilité devient chaque jour plus
» faible à cause des grands progrès que font faire à
» l'immoralité les étrangers qui sont venus résider
» au milieu de cette infortunée nation. Chaque jour
» nos âmes sont pénétrées de douleur au sujet de
» l'affreuse dépravation qui se présente aux regards
» et qui afflige les oreilles. Nos prières sont ar-
» dentes et fréquemment renouvelées pour toutes
» les classes de cette communauté, mais jusqu'à
» ce moment elles restent sans réponse, et le royau-
» me de satan semble s'étendre chaque jour. » Et
voilà comment s'est réalisée la prédiction du
Père Caret en 1835. C'est ainsi que l'erreur a triom-
phé de la vérité et que l'auguste Marie a détruit
l'hérésie à Taïti. Encore quelques jours, et les frères
de Picpus, et la Société pour la propagation de la foi,
et le Sacré Collége pourront entonner, sur les restes
fumants des cabanes incendiées des Taïtiens, et sur
les ossements épars des indigènes, un *Te Deum* pour
le succès accordé à leurs projets, par la « destruction de toutes les hérésies !!! »

Et maintenant, en face des faits que nous venons de raconter, en face des misères de tout genre que la résistance des pauvres Taïtiens a accumulées sur eux, que discernent les déclamations de la presse catholique au sujet de l'oppression que les missionnaires faisaient disait-on peser sur eux. « Les peu-
» ples de l'Océanie, écrivait le Père Caret le 8 août
» 1834, qui ont été séduits par l'hérésie, et qui
» sont placés sous le joug de fer des méthodistes,
» tels que les habitans d'Otahiti, se soumettraient
» volontiers au joug doux de N. S. J. C., et
» embrasseraient la doctrine catholique. » « Les
» chefs sérieux » dit M. Dubonzet dans une note insérée dans le voyage dans l'Océanie de M. Dumond-d'Urville (1) « sont fatigués du joug de
» leurs instituteurs et cherchent l'occasion de s'en
» affranchir, et il est à craindre que bientôt ils ne
» fomentent une révolte générale et ne réussissent
» à renverser le gouvernement de la jeune reine. »
« Les missionnaires » dit M. Casimir Henricy qui accompagnait l'*Artémise* et le capitaine *Laplace*, « sont singulièrement détestés par la population :
» féroces oppresseurs, déhontés monopoliseurs, tra-
» fiquant de la parole de Dieu, ils ont élévé con-
» tre eux un concert de malédictions, et s'il est une
» chose que les habitans demandent au ciel avec
» ferveur, c'est la destruction de leur autorité.
» Leurs vexations et leurs machinations les ont si
» fort déconsidérés qu'il y a toute raison de croire
» que le catholicisme ne tardera pas à les sup-
» planter. »

(1) *Voyage dans l'Océanie*, t. IV, p. 311.

Ou il faut que toutes ces assertions, dont le but est facile à comprendre, ne soient que d'infâmes mensonges, ou il faut que le joug qu'on a substitué à celui des pasteurs protestants ait été bien plus « que de fer » et bien autrement odieux, pour qu'un peuple aussi inoffensif que les Taïtiens (au moins tels que nous les décrivent et le voyage de d'Urville, et celui de Laplace; et tant d'autres) en soit venu à s'exposer à tous les maux que sa révolte, comme l'appelle M. Bruat, a appelés sur lui. A qui fera-t-on croire que si les missionnaires, qui, ainsi qu'a encore pu le dire M. Molé à la chambre des Pairs, le 13 janvier 1845, « dominaient la po-
» pulation, les consciences, et dirigeaient de leurs
» conseils le gouvernement, ou plutôt étaient eux-
» mêmes le véritable gouvernement, étaient en ef-
» fet si tyranniques, il n'y eût jamais eu contre eux,
» qui n'avaient ni armes ni soldats, aucun soulève-
» ment, tandis que les Taïtiens se sont levés en
» masse contre M. Bruat, protégé par des frégates,
» des canons, des redoutes, et ayant à sa disposi-
» tion une petite armée. » Quand M. Molé a parlé de domination, de consciences, son esprit s'est égaré, et il a pris le clergé Protestant pour le clergé Romain; car il aurait dû savoir que la réformation a proclamé et proclame partout la liberté d'examen, que c'est là ce qui a fait sa force contre le catholicisme, et que c'est en mettant aux mains de tous cet Evangile que Rome fait brûler partout où elle le peut, que d'un bout du monde à l'autre elle soulève les âmes contre le joug du papisme.

D'ailleurs, si l'assertion de M. le comte Molé et des auteurs qui ont dépeint l'autorité des missionnaires évangéliques sur les Taïtiens comme si puissante, avait besoin d'un autre démenti, elle le trouverait dans ce fait, reconnu par M. Bruat lui-même (1), que les missionnaires ont fait tout ce qu'ils ont pu pour arrêter l'insurrection et n'y ont pas réussi.

Ma tâche serait à peu près terminée, Messieurs, si les ennemis des missionnaires, de l'Evangile et de Taïti, à la tête desquels ils faut placer M. Mœrenhout (2), n'avaient, pour atténuer l'effet que produisait sur le monde civilisé la nouvelle de leurs procédés envers ce pauvre peuple, cherché à représenter la reine Pomaré comme indigne de l'intérêt des hommes sérieux. Un M. Brodie s'est fait l'écho de leurs accusations en écrivant au journal anglais le *Times*, une lettre répétée avec enthousiasme par les journaux français, qui n'ont pas inséré la réplique des directeurs de la Société des Missions de Londres. Dans cette lettre, M. Brodie dit que la reine Pomaré avait d'abord été mariée au roi de Bola-Bola, qu'ensuite de sa mauvaise conduite elle avait été contrainte à un divorce, avait épousé plus tard son mari actuel, et que, en 1842, les missionnaires avaient tenu conseil pour savoir si, à cause de son état d'ivresse habituelle, ils la laisseraient de nouveau entrer dans l'église. Les faits sont 1° Que c'est le premier mari de la reine qui, après s'être livré à la plus excessive débauche, l'a abandonnée et est allé à Jaha (son île); et que la demande

(1) Dépêche du 15 mars 1844.

(2) *Voyage aux îles du Grand-Océan.*

de divorce fut faite par les amis de Pomaré et confirmée par l'assemblée de la nation ; que ce n'est que douze ans après que, sur l'instante demande des chefs de Taïti, elle a consenti à épouser un chef de Huaheine. 2° Qu'il n'y a aucun fondement à l'accusation d'ivrognerie portée contre elle ; que si elle eût été fondée, la reine eût été immédiatement exclue de la communauté religieuse dont elle est membre; et ainsi que l'écrit au *Times* du 24 août, une personne qui a résidé à Taïti pendant plus de vingt ans, c'est une accusation aussi absurde que calomnieuse. La réunion des missionnaires en 1842 avait rapport à un tout autre objet.

Que vous en semble maintenant, Messieurs? Voyez-vous quelle est la main qui à accumulé sur les pauvres habitants de Taïti toutes les calamités qui ont fondu sur eux? Et en vous rappelant tout ce qui a été dit et écrit sur cette affaire, n'admirez-vous pas la facilité avec laquelle la presse quotidienne française a été dupe de la manière dont on lui a présenté les choses? Comment elle est tombée dans le piége qui lui était tendu, et a fait une question politique et anti-anglaise, de ce qui était en réalité une question confessionnelle et anti-protestante? Mais Rome savait bien que, si elle paraissait trop en évidence, une grande partie de la France se révolterait, et qu'au lieu de la trouver pour alliée dans la guerre qu'elle fait aux missions protestantes, elle l'aurait pour adversaire ; et ceux qui cherchent à obtenir ses bonnes graces et à se concilier son appui, n'ont eu garde d'attribuer aux événements leur véritable couleur, et de laisser voir que toute cette affaire n'était qu'une satisfaction donnée au Pape et aux jésuites de la propagande. Ici je m'arrête, Messieurs; je ne veux pas descendre sur le terrain de la politique.

Mais ne nous sera-t-il pas permis d'espérer que la nation française, par quelques-uns de ses illustres représentants, par les hommes distingués qui dirigent ses affaires, que l'opinion publique ouvriront les yeux sur le rôle que la France joue aux yeux du monde civilisé tout entier, et vous avez vu, Messieurs, que les Etats-Unis ont joint leurs voix à celles qui retentissent en Suisse, en Allemage, en Angleterre, en Suède, en Danemarck, sans distinction d'opinion ni de parti. Quelle gloire peut-il y avoir à un peuple de 35 millions d'habitants, possédant les ressources que possèdent nos voisins, à dévaster une petite peuplade de 8,000 habitants (1)? Certes personne ne doute que, dans cette lutte où il y a 4,000 âmes contre une, et tout ce que l'art de la guerre et de la marine a pu accumuler de machines destructives contre une poignée d'indigènes, n'ayant d'autres armes que des fusils, la

______

(1) Appréciation du *Journal des Débats* lui-même dans son nᵒ du 27 mars 1845.

France ne finisse tôt ou tard par avoir le dessus, qu'elle ne puisse exterminer jusqu'au dernier tous les Taïtiens et faire de leur île un désert ! Mais que dira la postérité, que dira l'histoire, que dira la France elle-même dans quelques années, quand elle aura vu quels sont les intérêts qu'elle a servis ! Ne serait-il pas digne d'elle, digne de ses écrivains, digne de ses chambres, digne de son ministère, digne de son Roi, de rendre aux pauvres Taïtiens leur complète indépendance, de laisser la reine Pomaré arborer en paix le drapeau qui lui convient, et les missionnaires catholiques n'employer d'autres armes que celles de la persuasion, pour arracher, s'ils le peuvent, les Taïtiens à l'influence « si détestée, si abhorrée » des prédicateurs de l'Evangile.

Pour nous, Messieurs, qui ne pouvons intervenir dans ce débat, que par les prières que nous faisons monter à ce trône de grace du haut duquel notre Dieu-Sauveur élève ceux qu'il lui plaît comme il abaisse ceux qui se montrent ses ennemis, ne nous relâchons point dans la persévérance et l'ardeur de nos supplications. *Dieu,* a dit le Seigneur, *ne vengera-t-il pas ceux qui poussent leurs cris vers lui jour et nuit, quoiqu'il diffère sa vengeance, je vous assure qu'il ne tardera pas à les venger.* Ne demandons pas qu'Il venge, mais qu'Il protège, qu'Il défende, qu'Il ouvre les yeux aux persécuteurs, qu'Il incline le cœur des rois et des puissants à des pensées de charité et de compassion, redoublons de foi et par conséquent de zèle, d'affection, de dévouement pour la sainte cause de la propagation du pur Evangile et que le spectacle des moyens auxquels la propagande romaine a recours pour éteindre et consolider son empire, nous fasse comprendre le devoir de consacrer nos forces et notre capacité, à travailler avec fermeté mais avec fidélité et en n'employant d'autres armes que celles qu'approuve le Seigneur, à la diffusion de la doctrine fondamentale du christianisme, le salut par la foi au sacrifice de notre Rédempteur. Tenons-nous soigneusement en garde contre les faussetés et les calomnies que le papisme répand et que l'incrédulité, son alliée, propage contre les œuvres chrétiennes. Ne soyons pas assez dupes, pour nous faire les adversaires de notre propre cause, et pour aller chercher dans les journaux ou les écrits des ennemis jurés de la vérité, les éléments de nos opinions sur le mérite et sur la conduite d'hommes qui ont donné des preuves de leur dévouement au service du Maître sous la bannière duquel nous servons, et pour retirer notre appui à la glorieuse entreprise des missions chrétiennes au moment où elle en est le plus digne et en la plus besoin que jamais, où elle se présente partout à nous en nous sollicitant tout à la fois comme chrétiens et comme chrétiens évangéliques !

* 9 7 8 2 0 1 2 7 2 0 9 1 6 *